50 REASONS TO KEEP ON LIVING
PT 2

50 RAZONES PARA SEGUIR VIVIENDO PARTE 2

Jonathan Juca

~For Grandpa/Para Abuelo~

Table of Contents

Índice

51

SUCCESSFULLY ASSEMBLING FURNITURE

Putting together a complicated piece of furniture and finally seeing it finished gives a deep sense of accomplishment. Every screw, every piece, and every instruction followed is proof that persistence pays off. It's not just about having a new item in your home—it's about reminding yourself that you are capable of solving problems and completing challenges. The moment you step back to admire your work, pride replaces frustration, and you realize that patience really is a form of strength. It's actually funny when the timing of writing this book, I brought a new patio set for myself, and yeah, just assembling it, and she's being able to claim they did that on my own, that makes me feel a little … well, it brings more light in the day, you know.

51

MONTAR MUEBLES CON EXITO

Montar un mueble complicado y ver finalmente el resultado final te da una profunda sensación de satisfacción. Cada tornillo, cada pieza y cada instrucción seguida son la prueba de que la perseverancia da sus frutos. No se trata solo de tener un nuevo objeto en tu casa, sino de recordarte a ti mismo que eres capaz de resolver problemas y superar retos. En el momento en que das un paso atrás para admirar tu trabajo, la frustración se convierte en orgullo y te das cuenta de que la paciencia es realmente una forma de fortaleza. Es curioso que, justo cuando estaba escribiendo este libro, me compré un nuevo conjunto de muebles de jardín y, sí, solo con montarlo y poder decir que lo hice yo sola, me siento un poco... bueno, me alegra el día, ¿sabes?

52

THE THRILL OF ROLLER COASTERS

The mix of fear, excitement, and exhilaration on a roller coaster is unlike anything else—it's a rush that shakes you awake. The anticipation as you climb, the drop in your stomach, the wind whipping across your face— it's an intense reminder that you're alive. Roller coasters are metaphors for life itself: sometimes scary, often unpredictable, but always worth the ride. When you get off, laughing with adrenaline still pumping, you realize that facing fears can also be fun. Now I personally for me, I personally find it kind of scary, but you know what, I did conquer my fears a while back and did go on a roller coaster, and yeah, it is exhilarating. "Would I do it again?" Probably, but we'll see.

52

LA EMOCIÓN DE LAS MONTAÑAS RUSAS

La mezcla de miedo, emoción y euforia que se siente en una montaña rusa no se parece a nada: es una descarga de adrenalina que te despierta. La expectación al subir, el nudo en el estómago, el viento azotándote la cara... Es un intenso recordatorio de que estás vivo. Las montañas rusas son una metáfora de la vida misma: a veces dan miedo, a menudo son impredecibles, pero siempre merecen la pena. Cuando te bajas, riendo y con la adrenalina aún a tope, te das cuenta de que enfrentarse a los miedos también puede ser divertido. Ahora bien, personalmente, a mí me da un poco de miedo, pero ¿sabes qué? Hace un tiempo superé mis miedos y me subí a una montaña rusa, y sí, es emocionante. «¿Volvería a hacerlo?». Probablemente, pero ya veremos.

53

FINDING THE PERFECT OUTFIT ON SALE

That moment when you stumble upon something you love at a discount feels like uncovering a hidden treasure. It's not just about saving money—it's about the joy of timing, of luck aligning with your desires. You walk away not only with a new outfit, but also with the story of how you found it, how patience and persistence paid off. Those little wins remind us that good things often come when we least expect them. Especially after a really long shopping trip, and you're just wandering around the mall or central for hours, then you find a really good outfit, and it continues to get marked down when you buy it. It makes the whole trip essentially worth it!

53

ENCONTRAR EL CONJUNTO PERFECTO EN REBAJAS

Ese momento en el que te topas con algo que te encanta y que además está rebajado es como descubrir un tesoro escondido. No se trata solo de ahorrar dinero, sino de la alegría de haberlo encontrado en el momento adecuado, de que la suerte se alinee con tus deseos. No solo te vas con un nuevo conjunto, sino también con la historia de cómo lo encontraste, de cómo la paciencia y la perseverancia dieron sus frutos. Esas pequeñas victorias nos recuerdan que las cosas buenas suelen llegar cuando menos las esperamos. Especialmente después de un largo día de compras, cuando llevas horas deambulando por el centro comercial o el centro de la ciudad y, de repente, encuentras un conjunto que te encanta y que, además, sigue rebajándose cuando lo compras. ¡Hace que todo el viaje haya merecido la pena!

54

FRESHLY SQUEEZED LEMONADE

Tart, sweet, and refreshing, a glass of fresh lemonade is the perfect balance of flavors. It's a small reminder that life itself is about balance—the sour makes the sweet even better. Each sip cools you down on a hot day, bringing with it nostalgia for simple joys like childhood summers. Sometimes happiness is just that—a drink that makes the moment brighter. It's funny that I'm writing this book during summertime, and I was actually buying from my local river community. There's always a bunch of little girls selling lemonade and cookies. I was just like, "Well, what a really good reason to live right there".

54

LIMONADA RECIÉN EXPRIMIDA

Ácida, dulce y refrescante, un vaso de limonada fresca es el equilibrio perfecto de sabores. Es un pequeño recordatorio de que la vida misma se trata de equilibrio: lo ácido hace que lo dulce sea aún mejor. Cada sorbo te refresca en un día caluroso y te trae la nostalgia de los placeres sencillos, como los veranos de la infancia. A veces, la felicidad es solo eso: una bebida que ilumina el momento. Es curioso que esté escribiendo este libro durante el verano, y que, de hecho, estuviera comprando en mi comunidad ribereña local. Siempre hay un grupo de niñas vendiendo limonada y galletas. Yo pensaba: «Vaya, qué buena razón para vivir aquí».

55

THE SOUND OF WAVES CRASHING ON THE SHORE

The rhythmic ebb and flow of the ocean is one of nature's most calming sounds. It reminds us that life moves in cycles, that no matter what, the tide always returns. Sitting by the water, you realize how small your worries are compared to the vastness of the sea. The sound is steady, eternal, and grounding—a reminder of the world's timeless beauty. It's the summertime, you know, just being able to watch the horizon and just seeing the never-ending ocean, it's a beautiful sight to behold.

55

EL SONIDO DE LAS OLAS ROMPIENDO EN LA ORILLA

El rítmico flujo y reflujo del océano es uno de los sonidos más relajantes de la naturaleza. Nos recuerda que la vida se mueve en ciclos, que pase lo que pase, la marea siempre vuelve. Sentado junto al agua, te das cuenta de lo pequeñas que son tus preocupaciones en comparación con la inmensidad del mar. El sonido es constante, eterno y tranquilizador, un recordatorio de la belleza atemporal del mundo. Es verano, ya sabes, solo con poder contemplar el horizonte y ver el océano infinito, es una vista preciosa.

56

AN AFTERNOON NAP ON A LAZY DAY

A nap that isn't rushed, where you wake up refreshed, is a luxury that feels like a necessity. It's proof that rest is not wasted time, but fuel for the soul. In those moments of quiet, where the world slows down, you remember that you don't always have to be productive to have value. Sometimes, happiness is simply permission to rest without guilt. It's funny, growing up, I would always see my dad take an afternoon nap on Sunday. Always with a soccer game on and with a plain white tee and pajama pants.

56

UNA SIESTA POR LA TARDE EN UN DÍA TRANQUILO

Una siesta sin prisas, de la que te despiertas renovado, es un lujo que parece una necesidad. Es la prueba de que el descanso no es tiempo perdido, sino combustible para el alma. En esos momentos de tranquilidad, en los que el mundo se ralentiza, recuerdas que no siempre hay que ser productivo para tener valor. A veces, la felicidad es simplemente el permiso para descansar sin sentir culpa. Es curioso, cuando era niño, siempre veía a mi padre echarse la siesta los domingos por la tarde. Siempre con un partido de fútbol puesto y con una camiseta blanca lisa y pantalones de pijama.

57

WATCHING YOUR FAVORITE SPORTS TEAM WIN

That rush of excitement when your team scores the winning point is unforgettable. It's not just about the game—it's about belonging to something bigger, sharing passion and pride with thousands of others. The celebration brings strangers together as friends, bonded by a common victory. In those moments, you feel connected, uplifted, and part of a community of joy. I remember back to a couple of years ago when I was in Mexico for the World Cup with some family members, and I'll just met some random strangers and we watched a couple of the matches. Being able to see the camaraderie and being able to celebrate each match was one of the most memorable things I've ever done so far.

57

VER GANAR A TU EQUIPO DEPORTIVO FAVORITO

Esa emoción que se siente cuando tu equipo marca el punto ganador es inolvidable. No se trata solo del juego, sino de pertenecer a algo más grande, de compartir la pasión y el orgullo con miles de personas. La celebración une a desconocidos como amigos, unidos por una victoria común. En esos momentos, te sientes conectado, animado y parte de una comunidad de alegría. Recuerdo que hace un par de años, cuando estuve en México para el Mundial con algunos familiares, conocí a unos desconocidos y vimos juntos un par de partidos. Poder ver la camaradería y celebrar cada partido fue una de las cosas más memorables que he hecho hasta ahora.

58

LEARNING SOMETHING NEW AND EXCITING

Discovering something that sparks your curiosity expands not just your knowledge, but your sense of possibility. It could be a fact, a skill, or even a new perspective—it all feeds the soul's hunger for growth. Learning reminds us that the world is far too big to ever fully know, which makes it endlessly fascinating. Each discovery is proof that there is always more to look forward to. That and it's just nice to know a new skill. It's a way to show the world how different you are and how you're really one in 8 billion, and what really gets your gears moving.

58

APRENDER ALGO NUEVO Y EMOCIONANTE

Descubrir algo que despierta tu curiosidad no solo amplía tus conocimientos, sino también tu sentido de las posibilidades. Puede ser un dato, una habilidad o incluso una nueva perspectiva: todo ello alimenta el ansia de crecimiento del alma. Aprender nos recuerda que el mundo es demasiado grande como para conocerlo por completo, lo que lo hace infinitamente fascinante. Cada descubrimiento es una prueba de que siempre hay algo más que esperar. Además, es agradable aprender una nueva habilidad. Es una forma de mostrar al mundo lo diferente que eres y que realmente eres uno entre 8000 millones, y lo que realmente te motiva.

59

A SOFT, WARM SWEATER ON A CHILLY DAY

Wrapping yourself in something cozy when the air turns cold feels like a hug you can wear. It's not just warmth—it's comfort, protection, and reassurance. That small act of bundling up reminds us that sometimes the simplest things can bring profound peace. In a world that can feel harsh, softness has power. Especially if a sweater is freshly pressed and you still feel the warmth from the iron, and it's really breezy outside in the fall, thus giving that warmth and extra oomph.

59

UN JERSEY SUAVE Y CÁLIDO EN UN DÍA FRÍO

Envolverse en algo acogedor cuando el aire se vuelve frío es como un abrazo que puedes llevar puesto. No es solo calor, es comodidad, protección y tranquilidad. Ese pequeño gesto de abrigarse nos recuerda que, a veces, las cosas más sencillas pueden aportar una paz profunda. En un mundo que puede parecer duro, la suavidad tiene poder. Especialmente si un jersey está recién planchado y aún se nota el calor de la plancha, y fuera hace mucho viento en otoño, lo que le da ese calor y ese empujón extra.

60

THE EXCITEMENT OF STARTING A NEW HOBBY

Trying something new lights up your brain and your spirit. Whether it's painting, gardening, or learning an instrument, those first sparks of passion remind you that curiosity never fades with age. Every mistake is part of the journey, every attempt a step closer to skill. New hobbies remind us that it's never too late to add more color and joy to life. Just referring back to the previous reason. It's just a way to also show our individuality among all of us. Hobbies are ways we express ourselves!

60

LA EMOCIÓN DE EMPEZAR UN NUEVO HOBBY

Probar algo nuevo ilumina tu mente y tu espíritu. Ya sea pintar, hacer jardinería o aprender a tocar un instrumento, esas primeras chispas de pasión te recuerdan que la curiosidad nunca desaparece con la edad. Cada error forma parte del camino, cada intento es un paso más hacia la maestría. Las nuevas aficiones nos recuerdan que nunca es demasiado tarde para añadir más color y alegría a la vida. Volviendo a la razón anterior, es también una forma de mostrar nuestra individualidad entre todos. ¡Las aficiones son formas de expresarnos!

61

COMPLETING A PUZZLE

That final click of the last piece sliding into place is pure satisfaction. It's not just about finishing—it's about the patience, persistence, and problem-solving that brought you there. A puzzle reminds us that chaos can be made whole if you stay committed. And when the image is complete, it feels like both a victory and a reward for your effort. You know, the key to puzzle making is always to start off on the edges and then find some of the most prominent picture or image, then working from there, and then completing the rest of the puzzle.

61

COMPLETAR UN ROMPECABEZAS

Ese último clic cuando la última pieza encaja en su sitio es pura satisfacción. No se trata solo de terminar, sino de la paciencia, la perseverancia y la resolución de problemas que te han llevado hasta allí. Un rompecabezas nos recuerda que el caos puede convertirse en un todo si te mantienes comprometido. Y cuando la imagen está completa, se siente como una victoria y una recompensa por tu esfuerzo. Sabes, la clave para hacer un rompecabezas es empezar siempre por los bordes y luego encontrar alguna de las imágenes más destacadas, trabajar a partir de ahí y completar el resto del rompecabezas.

62

THE SATISFACTION OF CLEANING AND ORGANIZING A SPACE

There's something deeply refreshing about transforming clutter into order. It's not just physical—it's mental clarity, too. A clean room feels like a reset, giving you the energy to start anew. The process reminds us that even when things feel overwhelming, we always have the ability to create peace and control. There's something oddly satisfying about cleaning up your personal space, too. It's fulfilling!

62

LA SATISFACCIÓN DE LIMPIAR Y ORGANIZAR UN ESPACIO

Hay algo profundamente refrescante en transformar el desorden en orden. No es solo físico, también es claridad mental. Una habitación limpia se siente como un reinicio, que te da la energía para empezar de nuevo. El proceso nos recuerda que, incluso cuando las cosas se sienten abrumadoras, siempre tenemos la capacidad de crear paz y control. También hay algo extrañamente satisfactorio en limpiar tu espacio personal. ¡Es gratificante!

63

HOLDING HANDS WITH SOMEONE SPECIAL

The warmth of another hand in yours is one of the simplest yet most profound forms of connection. It says, without words, "I'm here with you. You're not alone." That small gesture can bring comfort in sadness, joy in celebration, and reassurance in uncertainty. Holding hands is proof that human touch has the power to heal. I mean, I go more into this reason, but it's kind of really personal to me. I would love to hear from your guys' perspective about this reason, though that is, if you guys are OK with it. I mean, I'm saying that this is kind of hot, I'm not gonna lie.

63

COGER DE LA MANO A ALGUIEN ESPECIAL

El calor de otra mano en la tuya es una de las formas más simples pero profundas de conexión. Sin palabras, dice: «Estoy aquí contigo. No estás solo». Ese pequeño gesto puede brindar consuelo en la tristeza, alegría en la celebración y tranquilidad en la incertidumbre. Tomarse de las manos es prueba de que el contacto humano tiene el poder de sanar. Quiero decir, profundizo más en esta razón, pero es algo muy personal para mí. Me encantaría conocer la perspectiva de ustedes sobre esta razón, eso sí, si les parece bien. Quiero decir, no voy a mentir, esto me parece muy sexy.

64

WATCHING A CANDLE FLICKER IN THE DARK

A candle's flame is mesmerizing—small, fragile, yet powerful enough to light a room. Its steady dance is a reminder that even in darkness, light can exist. Sitting quietly with a candle can feel meditative, helping you pause and reflect. Sometimes, it takes something that simple to remind you of the beauty in stillness. You know, when writing this, I just think about the fall autumn season because he knows the closest summer and I'm just like, yeah, I know it's gonna be really beautiful, seeing the pumpkin candles in the thick of it all, and just being able to see the candles to flicker brings satisfaction to me.

64

VER EL PARPADEO DE UNA VELA EN LA OSCURIDAD

La llama de una vela es hipnótica: pequeña, frágil, pero lo suficientemente potente como para iluminar una habitación. Su danza constante nos recuerda que, incluso en la oscuridad, la luz puede existir. Sentarse en silencio con una vela puede resultar meditativo, ayudándote a hacer una pausa y reflexionar. A veces, se necesita algo tan simple como eso para recordar la belleza de la quietud. Sabes, al escribir esto, solo pienso en la temporada de otoño porque él conoce el verano más cercano y yo pienso: «Sí, sé que va a ser realmente hermoso, ver las velas de calabaza en medio de todo eso, y solo poder ver el parpadeo de las velas me da satisfacción».

65

THE FEELING AFTER A GOOD WORKOUT

Exhausted yet energized, sore yet proud—you realize that your body is stronger than you thought. A workout isn't just about physical health—it's about discipline, growth, and proving to yourself that you can push through discomfort. The endorphins bring a rush of joy, lifting your mood and spirit. In that post-workout glow, you realize that effort always leads to reward. It's funny to think about it. I remember talking with my coworker while at work. It's basically using your energy to gain more energy in the long term. And even when I dread going to the gym, I do always feel like content mid-workout, and my body feels great afterwards.

65

LA SENSACIÓN DESPUÉS DE UN BUEN ENTRENAMIENTO

Agotado pero lleno de energía, dolorido pero orgulloso: te das cuenta de que tu cuerpo es más fuerte de lo que pensabas. El entrenamiento no solo tiene que ver con la salud física, sino también con la disciplina, el crecimiento y demostrarte a ti mismo que puedes superar el malestar. Las endorfinas te provocan una oleada de alegría, mejorando tu estado de ánimo y tu espíritu. En ese resplandor posterior al entrenamiento, te das cuenta de que el esfuerzo siempre conduce a la recompensa. Es curioso pensar en ello. Recuerdo haber hablado con mi compañero de trabajo mientras estaba en el trabajo. Básicamente, se trata de utilizar tu energía para ganar más energía a largo plazo. E incluso cuando me da pereza ir al gimnasio, siempre me siento satisfecho durante el entrenamiento y mi cuerpo se siente genial después.

66

A CHILD'S LAUGHTER

Pure, unfiltered giggles from a child can instantly brighten even the darkest day. It's a sound untainted by worry or stress—just joy in its truest form. It reminds us of the innocence and wonder we all once carried, and that happiness doesn't need to be complicated. In their laughter, we hear hope for the future. Is there any sense to the joke at all sometimes? That's what really gets to me, especially some of the silliest things that you can make a joke out of, and the kids will just be dying on the floor laughing.

66

LA RISA DE UN NIÑO

Las risas puras y espontáneas de un niño pueden alegrar al instante incluso el día más oscuro. Es un sonido libre de preocupaciones o estrés, solo alegría en su forma más auténtica. Nos recuerda la inocencia y el asombro que todos sentíamos alguna vez, y que la felicidad no tiene por qué ser complicada. En sus risas, escuchamos esperanza para el futuro. ¿Tiene algún sentido el chiste a veces? Eso es lo que realmente me llama la atención, especialmente algunas de las cosas más tontas con las que se puede hacer un chiste, y los niños se mueren de risa en el suelo.

67

THE SMELL OF POPCORN AT THE MOVIES

That buttery scent signals excitement, fun, and the thrill of entering another world through storytelling. It's tied to nostalgia, childhood, and shared experiences with friends or family. Popcorn at the movies isn't just a snack—it's part of the ritual that makes the experience magical. Smell alone can bring back the anticipation of adventure waiting on screen. There's something about movie popcorn that makes it so much more delicious than regular popcorn. There's actually a YouTube video that goes more into depth about it.

67

EL OLOR A PALOMITAS EN EL CINE

Ese aroma a mantequilla evoca emoción, diversión y la emoción de entrar en otro mundo a través de la narración. Está ligado a la nostalgia, la infancia y las experiencias compartidas con amigos o familiares. Las palomitas de maíz en el cine no son solo un aperitivo, sino que forman parte del ritual que hace que la experiencia sea mágica. El olor por sí solo puede traer de vuelta la anticipación de la aventura que nos espera en la pantalla. Hay algo en las palomitas de maíz del cine que las hace mucho más deliciosas que las palomitas normales. De hecho, hay un vídeo en YouTube que profundiza más en este tema.

68

THE JOY OF TRAVELING TO A NEW PLACE

Walking unfamiliar streets, hearing a language you don't know, tasting food you've never tried—it's an explosion of discovery. Traveling reminds us how big the world is, how much there is to learn, and how connected we all truly are. Each journey expands your perspective and leaves you with memories that last forever. Adventure keeps life fresh and endlessly rewarding. Personally, I actually booked a trip for the next couple of months, and I really can't wait to experience this reason to keep on living again.

68

LA ALEGRÍA DE VIAJAR A UN LUGAR NUEVO

Caminar por calles desconocidas, escuchar un idioma que no conoces, probar comida que nunca has probado... Es una explosión de descubrimientos. Viajar nos recuerda lo grande que es el mundo, lo mucho que hay por aprender y lo conectados que estamos todos en realidad. Cada viaje amplía tu perspectiva y te deja recuerdos que duran para siempre. La aventura mantiene la vida fresca y infinitamente gratificante. Personalmente, he reservado un viaje para los próximos meses y estoy deseando volver a experimentar esta razón para seguir viviendo.

69

AN UNEXPECTED DAY OFF

That sudden, unplanned freedom is like a breath of fresh air. It gives you the chance to rest, indulge, or do something spontaneous you normally wouldn't. Sometimes, the best days are the ones we didn't plan. Life feels lighter when responsibilities give way to surprise gifts of time. Yeah, I know, especially those days when they just completely unplanned for, and then you have a free day off, I just use it to destress as much as possible whether that be stretching or getting a massage.

69

UN DÍA LIBRE INESPERADO

Esa libertad repentina e imprevista es como un soplo de aire fresco. Te da la oportunidad de descansar, darte un capricho o hacer algo espontáneo que normalmente no harías. A veces, los mejores días son aquellos que no hemos planeado. La vida se siente más ligera cuando las responsabilidades dan paso a regalos sorpresa de tiempo. Sí, lo sé, especialmente esos días en los que no hay nada planeado y tienes un día libre, lo aprovecho para desestresarme lo máximo posible, ya sea haciendo estiramientos o recibiendo un masaje.

70

THE CALM AFTER FINISHING AN EXAM OR A BIG PROJECT

There's nothing like the deep exhale that comes with completing something that weighed on your shoulders. The relief is almost physical, a lightness that frees you. It's proof that hard work and endurance eventually lead to peace. That moment reminds us that challenges end, and effort is always followed by release. Definitely take the time to pat yourself on the back and really give props to others and your whole organization. Whether that be a small team or an entire organization, appreciate those who have helped you with the work that you've done.

70

LA CALMA DESPUÉS DE TERMINAR UN EXAMEN O UN GRAN PROYECTO

No hay nada como el profundo suspiro que se siente al completar algo que pesaba sobre tus hombros. El alivio es casi físico, una ligereza que te libera. Es la prueba de que el trabajo duro y la perseverancia acaban conduciendo a la paz. Ese momento nos recuerda que los retos terminan y que el esfuerzo siempre va seguido de una liberación. Sin duda, tómate tu tiempo para felicitarte a ti mismo y felicitar también a los demás y a toda tu organización. Ya sea un pequeño equipo o toda una organización, agradece a quienes te han ayudado con el trabajo que has realizado.

71

A PICNIC IN THE PARK

Sitting on a blanket, enjoying simple food, and feeling the sun on your face reminds us that life's best moments don't have to be complicated. Sharing food and laughter outdoors connects you with nature and the people around you. Watching children play, birds fly, or leaves drift in the breeze creates a sense of peace and contentment. These moments remind you to slow down, appreciate the present, and savor the simple joys that often go unnoticed. This year actually had a small picnic with some family members, and it was beautiful. We had some sangria, some crackers, a charcuterie board, and some cheese. It was a beautiful time with 80° weather, and the sun was beaming with a little partly cloudy as well.

71

UN PICNIC EN EL PARQUE

Sentarse en una manta, disfrutar de comida sencilla y sentir el sol en la cara nos recuerda que los mejores momentos de la vida no tienen por qué ser complicados. Compartir comida y risas al aire libre te conecta con la naturaleza y con las personas que te rodean. Ver a los niños jugar, a los pájaros volar o a las hojas flotar en la brisa crea una sensación de paz y satisfacción. Estos momentos te recuerdan que debes reducir el ritmo, apreciar el presente y saborear las alegrías sencillas que a menudo pasan desapercibidas. Este año hicimos un pequeño picnic con algunos miembros de la familia y fue precioso. Tomamos sangría, galletas saladas, una tabla de embutidos y queso. Fue un momento maravilloso, con una temperatura de 27 °C y un sol radiante con algunas nubes.

72

THE FIRST SIP OF A FAVORITE DRINK

Whether it's coffee, tea, or a cold soda, that first taste of something you love is a small but perfect moment of indulgence. The flavor, temperature, and aroma awaken your senses and brighten your mood. It's a reminder that even tiny pleasures can bring immense satisfaction. Each sip becomes a pause, a moment to savor the present and appreciate life's small gifts. My favorite drink of mine with definitely have to be pineapple juice or lemonade. Especially homemade lemonade, homemade juices are just the best in my opinion.

72

EL PRIMER SORBO DE TU BEBIDA FAVORITA

Ya sea café, té o un refresco frío, ese primer sorbo de algo que te encanta es un pequeño pero perfecto momento de placer. El sabor, la temperatura y el aroma despiertan tus sentidos y te alegran el ánimo. Es un recordatorio de que incluso los pequeños placeres pueden aportar una inmensa satisfacción. Cada sorbo se convierte en una pausa, un momento para saborear el presente y apreciar los pequeños regalos de la vida. Mi bebida favorita es, sin duda, el zumo de piña o la limonada. Especialmente la limonada casera, los zumos caseros son los mejores en mi opinión.

73

WATCHING CLOUDS DRIFT AND FORM SHAPES

Lying back and watching clouds turn into animals, faces, or objects reminds us to slow down and use our imagination. It's a gentle way to escape the stress of daily life while connecting with nature's art. Each cloud is fleeting, highlighting the beauty of impermanence and the importance of noticing small wonders. This simple act can spark creativity, daydreams, and a sense of peace. A couple of years back. I was actually accompanying one of my friends while I was the third wheeling that day, and just you know, be able to give them some ideas and stuff like this, and it was really memorable even to this day. I remember that one small time we had and how happy I felt for them too.

73

VER LAS NUBES PASAR Y FORMAR FIGURAS

Tumbarse y observar cómo las nubes se convierten en animales, rostros u objetos nos recuerda que debemos ralentizar el ritmo y usar nuestra imaginación. Es una forma suave de escapar del estrés de la vida cotidiana mientras conectamos con el arte de la naturaleza. Cada nube es efímera, lo que resalta la belleza de la impermanencia y la importancia de fijarse en las pequeñas maravillas. Este sencillo acto puede despertar la creatividad, los sueños despiertos y una sensación de paz. Hace un par de años. En realidad, ese día acompañaba a uno de mis amigos, haciendo de tercero en discordia, y, ya sabes, para darles algunas ideas y cosas así, y fue realmente memorable, incluso hasta el día de hoy. Recuerdo ese pequeño momento que tuvimos y lo feliz que me sentí por ellos también.

74

THE SMELL OF A HOME-COOKED MEAL

The aroma of a dish made with love fills a house with warmth, nostalgia, and comfort. Cooking for yourself or others creates a sense of care and accomplishment. The smells evoke memories, evoke connection, and remind you of traditions and family moments. Each bite reinforces that nurturing yourself and others is a joyful and essential part of life. You never know. You don't appreciate it until you're one day cooking on your own and you miss those times that you had with family, such as your mother and your father.

74

EL OLOR DE UNA COMIDA CASERA

El aroma de un plato preparado con amor llena la casa de calidez, nostalgia y comodidad. Cocinar para uno mismo o para otros crea una sensación de cuidado y satisfacción. Los olores evocan recuerdos, evocan conexiones y te recuerdan las tradiciones y los momentos familiares. Cada bocado refuerza la idea de que cuidarse a uno mismo y a los demás es una parte alegre y esencial de la vida. Nunca se sabe. No lo aprecias hasta que un día cocinas por tu cuenta y echas de menos esos momentos que pasabas con tu familia, como tu madre y tu padre.

75

A LONG, PEACEFUL WALK IN NATURE

Wandering through trees, feeling the crunch of leaves or softness of grass underfoot, reminds us that nature is a healing force. Walking allows your mind to wander, reflect, and release tension. It's a gentle reminder that movement, fresh air, and the sights and sounds of the natural world can soothe stress and inspire clarity. Every step becomes a meditative journey, offering perspective and peace. Me personally, sometimes I just need to get away from it all of the hustle and bustle of city life, drama, stress, everything, and I just wanna run into nature and just hear everything without the headphones for once, and sometimes I think about writing this book even or of the past.

75

UN LARGO Y TRANQUILO PASEO POR LA NATURALEZA

Pasear entre los árboles, sentir el crujir de las hojas o la suavidad de la hierba bajo los pies nos recuerda que la naturaleza es una fuerza curativa. Caminar permite que la mente divague, reflexione y libere tensiones. Es un suave recordatorio de que el movimiento, el aire fresco y las vistas y los sonidos del mundo natural pueden aliviar el estrés e inspirar claridad. Cada paso se convierte en un viaje meditativo, que ofrece perspectiva y paz. En mi caso, a veces solo necesito alejarme del ajetreo y el bullicio de la vida urbana, los dramas, el estrés, todo, y solo quiero correr hacia la naturaleza y escuchar todo sin los auriculares por una vez, y a veces pienso incluso en escribir este libro o en el pasado.

76

THE SOUND OF BIRDS SINGING IN THE MORNING

Birdsong at dawn is a gentle reminder that a new day is beginning. It signals life, hope, and renewal as nature wakes up. Listening to birds can bring calm and joy, grounding you in the present moment. It's proof that even the smallest creatures contribute beauty and inspiration to the world around us. It's funny I remember when I was in the seventh grade it started to run outside and stuff so I wake up at around 6 AM till two or leave when you talk and it was beautiful because I got to hear all the birds chirping and really the start of the day just feeling the sun on my back and in my face and made me appreciate the little things in life.

76

EL CANTO DE LOS PÁJAROS POR LA MAÑANA

El canto de los pájaros al amanecer es un suave recordatorio de que comienza un nuevo día. Es señal de vida, esperanza y renovación, mientras la naturaleza despierta. Escuchar a los pájaros puede aportar calma y alegría, y ayudarte a conectar con el momento presente. Es la prueba de que incluso las criaturas más pequeñas aportan belleza e inspiración al mundo que nos rodea. Es curioso, recuerdo que cuando estaba en séptimo curso empecé a salir a correr y cosas así, así que me levantaba sobre las 6 de la mañana hasta las dos o salía cuando hablabas y era precioso porque podía oír el canto de los pájaros y realmente el comienzo del día, sintiendo el sol en mi espalda y en mi cara, y me hacía apreciar las pequeñas cosas de la vida.

77

SUCCESSFULLY REMEMBERING A SONG LYRIC OR MOVIE QUOTE

That little spark of satisfaction when you get it exactly right proves that memory holds onto joy in unexpected ways. It can spark laughter, nostalgia, or a connection with someone who appreciates the same reference. Remembering something familiar reminds us of continuity in our lives, linking past experiences with the present. Small victories like this can bring delight in otherwise ordinary days. Me? There are so many personal song lyrics! I remember in my heart and in my mind to this day.

77

RECORDAR CON ÉXITO LA LETRA DE UNA CANCIÓN O UNA CITA DE UNA PELÍCULA

Esa pequeña chispa de satisfacción cuando lo consigues exactamente bien demuestra que la memoria retiene la alegría de formas inesperadas. Puede provocar risas, nostalgia o una conexión con alguien que aprecia la misma referencia. Recordar algo familiar nos recuerda la continuidad de nuestras vidas, vinculando las experiencias pasadas con el presente. Pequeñas victorias como esta pueden traer alegría a días que, de otro modo, serían ordinarios. ¿Yo? ¡Hay tantas letras de canciones personales! Las recuerdo en mi corazón y en mi mente hasta el día de hoy.

78

WATCHING A LOVED ONE SUCCEED

Seeing someone you care about achieve their dreams is proof that happiness multiplies when shared. Their success feels like a shared celebration and reminds you of the power of encouragement and support. It shows that dedication and perseverance are rewarded, inspiring you to pursue your own goals. Witnessing growth and triumph in others enriches your own sense of purpose and connection. At the end of the day, I always just want to see my family and my friends become successful in this life that we have. And I've been very fortunate enough to see some of the most beautiful things in my lifetime.

78

VER TRIUNFAR A UN SER QUERIDO

Ver a alguien a quien quieres alcanzar sus sueños es la prueba de que la felicidad se multiplica cuando se comparte. Su éxito se siente como una celebración compartida y te recuerda el poder del ánimo y el apoyo. Demuestra que la dedicación y la perseverancia se ven recompensadas, lo que te inspira a perseguir tus propios objetivos. Ser testigo del crecimiento y el triunfo de los demás enriquece tu propio sentido de propósito y conexión. Al final del día, lo único que quiero es ver a mi familia y a mis amigos tener éxito en esta vida que tenemos. Y he tenido la gran suerte de ver algunas de las cosas más bonitas de mi vida.

79

THE SMELL OF FRESH LAUNDRY

The clean, crisp scent of freshly washed clothes evokes renewal and comfort. It transforms everyday routines into small moments of pleasure. Fresh laundry brings a sense of order, control, and care to your living space, making it easier to relax. The experience reinforces that even ordinary tasks can provide subtle joy and reassurance. Again, just referencing from a little earlier. Yeah, fresh clothes from the washer and dryer, I should say, feels GREAT!

79

EL OLOR DE LA ROPA RECIÉN LAVADA

El aroma limpio y fresco de la ropa recién lavada evoca renovación y comodidad. Transforma las rutinas diarias en pequeños momentos de placer. La ropa limpia aporta una sensación de orden, control y cuidado a tu espacio vital, lo que facilita la relajación. La experiencia refuerza la idea de que incluso las tareas cotidianas pueden proporcionar una sutil alegría y tranquilidad. De nuevo, solo haciendo referencia a lo que he dicho antes. Sí, la ropa limpia recién salida de la lavadora y la secadora, debo decir, ¡se siente GENIAL!

80

A PERFECTLY ROASTED MARSHMALLOW

Golden brown on the outside and gooey on the inside, roasting marshmallows to perfection is one of life's small victories. It takes patience, focus, and a little skill, and the reward is immediate and satisfying. Sharing the treat with friends or family multiplies the joy, turning a simple snack into a moment of connection. Even tiny successes can brighten the day and create lasting memories. And it's such an autumn activity, I can't wait to start roasting marshmallows in a few weeks.

80

UN MALVAVISCO
PERFECTAMENTE TOSTADO

Dorados por fuera y blanditos por dentro, asar malvaviscos a la perfección es una de las pequeñas victorias de la vida. Se necesita paciencia, concentración y un poco de habilidad, pero la recompensa es inmediata y satisfactoria. Compartir este manjar con amigos o familiares multiplica la alegría, convirtiendo un simple aperitivo en un momento de conexión. Incluso los pequeños éxitos pueden alegrar el día y crear recuerdos imborrables. Y es una actividad tan otoñal que estoy deseando empezar a asar malvaviscos dentro de unas semanas.

81

FINDING A FOUR-LEAF CLOVER

A rare find like this reminds us that luck and unexpected joys can appear when we least expect them. It encourages hope and a sense of wonder at life's little surprises. The rarity of the clover makes it feel magical, a tiny reward for attentiveness and curiosity. Discovering it can lift your mood and remind you that beauty is often hidden in plain sight. Me personally, I have never or haven't found one yet, maybe that's why my luck has been lacking these past couple of days.

81

ENCONTRAR UN TRÉBOL DE CUATRO HOJAS

Un hallazgo tan poco común como este nos recuerda que la suerte y las alegrías inesperadas pueden aparecer cuando menos las esperamos. Nos anima a tener esperanza y a sentir asombro ante las pequeñas sorpresas de la vida. La rareza del trébol lo hace parecer mágico, una pequeña recompensa por la atención y la curiosidad. Descubrirlo puede levantarte el ánimo y recordarte que la belleza a menudo se esconde a plena vista. Personalmente, nunca he encontrado uno, o al menos todavía no, quizá por eso me ha faltado suerte estos últimos días.

82

THE FEELING OF WARM SUN ON YOUR SKIN

That gentle warmth reminds us that life is full of simple pleasures. Sunlight energizes the body, improves mood, and connects us with nature. Feeling the sun's rays can evoke comfort, nostalgia, and gratitude for the day. It's a reminder that even small touches from the natural world can profoundly enhance well-being. I always try as much as possible to this day to go outside to feel the sunshine on me. Whether it be a short little walk around my neighborhood or a jog around a lake with my father, I always appreciate the sun.

82

LA SENSACIÓN DEL SOL CÁLIDO EN LA PIEL

Esa suave calidez nos recuerda que la vida está llena de placeres sencillos. La luz del sol nos da energía, mejora nuestro estado de ánimo y nos conecta con la naturaleza. Sentir los rayos del sol puede evocar comodidad, nostalgia y gratitud por el día. Es un recordatorio de que incluso los pequeños detalles del mundo natural pueden mejorar profundamente nuestro bienestar. Hasta el día de hoy, siempre intento salir al aire libre para sentir la luz del sol sobre mí. Ya sea dando un pequeño paseo por mi barrio o corriendo alrededor de un lago con mi padre, siempre aprecio el sol.

83

MAKING SOMEONE SMILE

Seeing someone light up because of something you said or did proves that kindness has a ripple effect. A smile can change a person's day, spread positivity, and reinforce the value of compassion. It reminds you that small actions can carry a great impact. Moments like this show that giving joy to others also nourishes your own spirit. Always try to be that little ray of sunshine in a person's life because you never know what they're going through, and everybody needs a boost from time to time.

83

HACER SONREÍR A ALGUIEN

Ver cómo alguien se ilumina por algo que has dicho o hecho demuestra que la amabilidad tiene un efecto dominó. Una sonrisa puede cambiar el día de una persona, difundir positividad y reforzar el valor de la compasión. Te recuerda que las pequeñas acciones pueden tener un gran impacto. Momentos como este demuestran que dar alegría a los demás también nutre tu propio espíritu. Intenta ser siempre ese pequeño rayo de sol en la vida de una persona, porque nunca sabes por lo que está pasando y todo el mundo necesita un empujón de vez en cuando.

84

THE SOUND OF WIND RUSTLING THROUGH TREES

Nature's whisper brings a sense of calm and perspective. It reminds you to slow down, breathe, and appreciate the quiet beauty around you. Listening to the wind can inspire reflection, mindfulness, and a connection to the present. It shows that life's simplest sounds can carry profound peace. Now I know I've been talking a lot about nature, but just think about spending a day outside, especially when you don't have anything to do. Just listen to the rustling within the trees, the wind, the birds calling. Everything.

84

EL SONIDO DEL VIENTO SUSURRANDO ENTRE LOS ÁRBOLES

El susurro de la naturaleza aporta una sensación de calma y perspectiva. Te recuerda que debes reducir el ritmo, respirar y apreciar la tranquila belleza que te rodea. Escuchar el viento puede inspirar reflexión, atención plena y una conexión con el presente. Demuestra que los sonidos más simples de la vida pueden transmitir una paz profunda. Sé que he hablado mucho sobre la naturaleza, pero piensa en pasar un día al aire libre, especialmente cuando no tienes nada que hacer. Solo escucha el susurro de los árboles, el viento, el canto de los pájaros. Todo.

85

THE EXCITEMENT OF PLANNING A TRIP

Even before you arrive, anticipating a new adventure fills life with possibility. Researching, imagining, and scheduling ignite curiosity and joy. Planning reminds you that there are always new experiences waiting and that exploration enriches the soul. The excitement itself can make the everyday feel more vibrant. And you'll always appreciate the memories that you create because you'll tell them your own stories and you'll speak about it, and you'll show it. One day, I hope to continue to write and tell my stories.

85

LA EMOCIÓN DE PLANEAR UN VIAJE

Incluso antes de llegar, anticipar una nueva aventura llena la vida de posibilidades. Investigar, imaginar y planificar despierta la curiosidad y la alegría. Planificar te recuerda que siempre hay nuevas experiencias esperándote y que la exploración enriquece el alma. La emoción en sí misma puede hacer que el día a día sea más vibrante. Y siempre apreciarás los recuerdos que creas porque les contarás tus propias historias, hablarás de ellos y los mostrarás. Espero seguir escribiendo y contando mis historias algún día.

86

A FRESH SNOWFALL UNTOUCHED BY FOOTPRINTS

The quiet beauty of a pristine, snowy landscape symbolizes new beginnings and peaceful stillness. Snow blankets the world, softening harsh edges and inspiring reflection. Walking through untouched snow reminds you to appreciate rarity, purity, and calm. It's a fleeting moment of serenity that encourages presence and mindfulness. Growing up by at least let the snow reach till it's about 3 inches to start enjoying it fully. I especially love it when it's the really solid snow. It's fluffy enough to create an igloo or snowman. And it's always those first steps that feel really pristine.

86

UNA NEVADA RECIENTE SIN HUELLAS

La tranquila belleza de un paisaje nevado y virgen simboliza nuevos comienzos y una paz serena. La nieve cubre el mundo, suavizando los bordes ásperos e inspirando la reflexión. Caminar por la nieve virgen te recuerda que debes apreciar lo excepcional, la pureza y la calma. Es un momento fugaz de serenidad que fomenta la presencia y la atención plena. Al crecer, al menos deja que la nieve alcance unos 7 cm para empezar a disfrutarla plenamente. Me encanta especialmente cuando la nieve es muy compacta. Es lo suficientemente esponjosa como para crear un iglú o un muñeco de nieve. Y siempre son esos primeros pasos los que se sienten realmente prístinos.

87

BAKING COOKIES AND EATING THEM WARM

The process of baking, the smell filling the kitchen, and the first warm bite combine effort with reward. It's a creative act that engages the senses and spreads joy. Sharing cookies amplifies the happiness, creating a connection through food. Even small culinary acts can remind us of love, care, and simple pleasures. It's funny going up. I used to be the baker in my home. I really enjoyed doing so, then my younger sister came and she started baking herself. I mean, I still bake, but you know she enjoys it much more than me. She knows how to work her magic much better than I do as well.

87

HORNEAR GALLETAS Y COMERLAS CALIENTES

El proceso de hornear, el aroma que llena la cocina y el primer bocado caliente combinan esfuerzo y recompensa. Es un acto creativo que involucra los sentidos y difunde alegría. Compartir galletas amplifica la felicidad, creando una conexión a través de la comida. Incluso los pequeños actos culinarios pueden recordarnos el amor, el cuidado y los placeres sencillos. Es curioso subir. Yo solía ser la repostera en mi casa. Me gustaba mucho hacerlo, pero luego llegó mi hermana menor y empezó a hornear ella misma. Quiero decir, yo sigo horneando, pero ella lo disfruta mucho más que yo. Además, sabe cómo hacer magia mucho mejor que yo.

88

WATCHING FIREWORKS LIGHT UP THE SKY

The dazzling bursts of color and light remind us that celebration is part of life. Fireworks are fleeting yet unforgettable, teaching us to savor moments of joy. The shared awe with friends or family strengthens bonds and creates lasting memories. It shows that beauty and excitement can appear suddenly, brightening ordinary nights. It's funny, when I was writing this little section, I still have a bunch of camera photos of just fireworks screenshots from all over. Whether that be from the Fourth of July somewhere in the Jersey shore or somewhere in Canada, or the UK, or a bunch of other areas as well.

88

VER LOS FUEGOS ARTIFICIALES ILUMINAR EL CIELO

Las deslumbrantes explosiones de color y luz nos recuerdan que la celebración es parte de la vida. Los fuegos artificiales son fugaces pero inolvidables, y nos enseñan a saborear los momentos de alegría. El asombro compartido con amigos o familiares fortalece los lazos y crea recuerdos duraderos. Demuestra que la belleza y la emoción pueden aparecer de repente, iluminando las noches ordinarias. Es curioso, mientras escribía esta pequeña sección, todavía tenía un montón de fotos de fuegos artificiales tomadas con mi cámara en diferentes lugares. Ya sea del 4 de julio en algún lugar de la costa de Jersey o en algún lugar de Canadá, o del Reino Unido, o de muchos otros lugares.

89

FINDING A SONG THAT PERFECTLY MATCHES YOUR MOOD

Music speaks when words fail, and discovering the right song feels deeply understood. It validates your feelings, offers comfort, and sometimes inspires action. Songs connect us to memory, emotion, and shared human experience. That perfect match can lift your spirits, calm your mind, or bring tears of recognition. Oh, I got a Lotta songs that I know that I share a couple of them here and there, but there are many songs where I'm just like, "no, no, no, that's my secret collection". And it's crazy that there are actually a couple of guys that I know that I have taken my songs that I showed them to woo girls as well! Now that was uncool, but I digress. However, some that match my mood include: Street Dancer - Hiromi Iwasaki and Benedita Tu Luz - Maná.

89

ENCONTRAR UNA CANCIÓN QUE ENCAJA PERFECTAMENTE CON TU ESTADO DE ÁNIMO

La música habla cuando las palabras fallan, y descubrir la canción adecuada te hace sentir profundamente comprendido. Valida tus sentimientos, te ofrece consuelo y, a veces, te inspira a actuar. Las canciones nos conectan con los recuerdos, las emociones y las experiencias humanas compartidas. Esa combinación perfecta puede levantarte el ánimo, calmar tu mente o hacerte llorar de emoción. Tengo muchas canciones que conozco y comparto algunas de ellas aquí y allá, pero hay muchas canciones en las que pienso: «No, no, no, esa es mi colección secreta». Y es una locura que haya un par de chicos que conozco que han tomado mis canciones y se las han enseñado a las chicas para ligar. Eso no está bien, pero me estoy desviando del tema. Sin embargo, algunas que encajan con mi estado de ánimo son: Street Dancer, de Hiromi Iwasaki, y Benedita Tu Luz, de Maná.

90

THE SMELL OF THE OCEAN

Salty, fresh, and invigorating, the scent of the sea evokes freedom and adventure. It's a reminder of the vastness of the world and the endless possibilities it holds. The smell carries memories of past trips, calm, and exhilaration. It connects you to nature's power and beauty, offering both inspiration and peace. It's summertime. I always love being in the ocean. I love the waters at this time, and the smell of the ocean is fantastic. I'm just in awe at how vast it is at times.

90

EL OLOR DEL OCÉANO

Salado, fresco y vigorizante, el aroma del mar evoca libertad y aventura. Es un recordatorio de la inmensidad del mundo y las infinitas posibilidades que encierra. El olor trae recuerdos de viajes pasados, calma y euforia. Te conecta con el poder y la belleza de la naturaleza, ofreciéndote inspiración y paz. Es verano. Siempre me encanta estar en el océano. Me encanta el agua en esta época y el olor del océano es fantástico. A veces me sorprende lo vasto que es.

91

WRAPPING UP IN A TOWEL STAIGHT FROM THE DRYER

The instant warmth feels like a hug from the universe, a small but perfect moment of comfort. It's a tactile reminder that little comforts can profoundly improve your day. The softness, heat, and clean scent combine to create a moment of pure satisfaction. It shows that care and attention to small details can create joy in everyday life.

91

ENVOLVERTE EN UNA TOALLA RECIÉN SALIDA DE LA SECADORA

El calor instantáneo se siente como un abrazo del universo, un pequeño pero perfecto momento de confort. Es un recordatorio táctil de que los pequeños placeres pueden mejorar profundamente tu día. La suavidad, el calor y el aroma limpio se combinan para crear un momento de pura satisfacción. Demuestra que el cuidado y la atención a los pequeños detalles pueden crear alegría en la vida cotidiana.

92

THE GLOW OF CITY LIGHTS AT NIGHT

A skyline lit up against a dark sky reminds us that life is always in motion. The lights symbolize energy, creativity, and endless possibilities. Observing them can inspire dreams, reflection, or gratitude for urban beauty. It's a quiet way to marvel at human achievement and the vibrancy of life. I remember there was this one night back in 2022 met some random people for a soccer match, and that was the highlight the night was just being on the rooftop and checking out all of the lights of Manhattan. I tell you guys, I was star-struck that day. Just seeing the sparkle and some of their faces, and the glimmer of their eyes, really, really sticks out as a core memory of mine.

92

EL RESPLANDOR DE LAS LUCES DE LA CIUDAD POR LA NOCHE

Un horizonte iluminado contra un cielo oscuro nos recuerda que la vida siempre está en movimiento. Las luces simbolizan energía, creatividad y posibilidades infinitas. Observarlas puede inspirar sueños, reflexión o gratitud por la belleza urbana. Es una forma tranquila de maravillarse ante los logros humanos y la vitalidad de la vida. Recuerdo que una noche de 2022 quedé con unas personas al azar para ver un partido de fútbol, y lo mejor de la noche fue estar en la azotea y contemplar todas las luces de Manhattan. Os lo digo, ese día me quedé impresionado. Solo ver el brillo y algunas de sus caras, y el destello de sus ojos, realmente se ha quedado grabado como uno de mis recuerdos más importantes.

93

A HANDWRITTEN TO-DO LIST COMPLETELY CHECKED OFF

Completing tasks and seeing them marked as done provides a sense of accomplishment and clarity. It proves that productivity leads to progress and that effort matters. Each ticked item is a small victory, reminding you that your actions create tangible results. This simple act reinforces confidence and motivation. Me personally, I have my own list of to-dos for the year, and writing these books really helped motivate me to check off a lot of those items and also those in my personal bucket list as well.

93

UNA LISTA DE TAREAS POR HACER ESCRITA A MANO Y COMPLETAMENTE TACHADA

Completar tareas y verlas marcadas como realizadas proporciona una sensación de logro y claridad. Demuestra que la productividad conduce al progreso y que el esfuerzo importa. Cada elemento marcado es una pequeña victoria, que te recuerda que tus acciones crean resultados tangibles. Este simple acto refuerza la confianza y la motivación. Personalmente, tengo mi propia lista de tareas pendientes para el año, y escribir estos libros realmente me ayudó a motivarme para tachar muchos de esos elementos y también los de mi lista personal de cosas por hacer antes de morir.

94

A SURPRISE REUNION WITH AN OLD FRIEND

Running into someone from your past reminds you that some bonds never fade. Reconnecting brings joy, nostalgia, and often laughter. Shared history creates immediate comfort, making it feel as if no time has passed. These reunions remind us of enduring connections and the beauty of human relationships. It was great to see where they are throughout the years for the people that I've been associated with me they've just been glimmering with happiness in their lives. I am honored to have been a part of it!

94

UN REENCUENTRO SORPRESA CON UN VIEJO AMIGO

Encontrarte con alguien de tu pasado te recuerda que algunos lazos nunca se rompen. Volver a conectar te llena de alegría, nostalgia y, a menudo, risas. La historia compartida crea una comodidad inmediata, haciendo que parezca que no ha pasado el tiempo. Estos reencuentros nos recuerdan las conexiones duraderas y la belleza de las relaciones humanas. Fue genial ver dónde están ahora, después de todos estos años, las personas con las que he estado relacionado, que simplemente brillan de felicidad en sus vidas. ¡Me siento honrado de haber formado parte de ello!

95

THE SMELL OF CINNAMON IN THE AIR

Warm and inviting, cinnamon evokes holidays, comfort, and home. Its scent can trigger cherished memories and feelings of security. Cinnamon reminds you that small sensory experiences carry deep emotional resonance. It is proof that simple aromas can make ordinary moments extraordinary. And as we get closer to the fall season, you're going to smell a lot of this aroma near my home. And definitely check out a YouTube clip of how cinnamon is made. It's phenomenal how it goes from the trees to our store shelves.

95

EL OLOR A CANELA EN EL AIRE

Cálida y acogedora, la canela evoca las fiestas, el confort y el hogar. Su aroma puede despertar recuerdos entrañables y sentimientos de seguridad. La canela nos recuerda que las pequeñas experiencias sensoriales tienen una profunda resonancia emocional. Es la prueba de que los aromas sencillos pueden convertir los momentos cotidianos en extraordinarios. Y a medida que nos acercamos al otoño, vas a oler mucho este aroma cerca de mi casa. Y no te pierdas el vídeo de YouTube sobre cómo se elabora la canela. Es increíble cómo pasa de los árboles a las estanterías de nuestras tiendas.

96

THE FIRST DAY OF A NEW SEASON

Each change in season is a fresh chapter in life, bringing new sights, scents, and experiences. Spring, summer, autumn, and winter all carry their own beauty and lessons. Noticing the shifts encourages reflection, gratitude, and anticipation for what's next. Seasons remind us that change is natural, beautiful, and constant. As we head into this fall season, I plan to spread out more and garner new memories. Learn something new about life, meet new people, get different perspectives, and learn more about myself, and I hope one day I find a person who appreciates that as well. And who knows? Maybe we'll do it together.

96

EL PRIMER DÍA DE UNA NUEVA ESTACIÓN

Cada cambio de estación es un nuevo capítulo en la vida, que trae consigo nuevas vistas, aromas y experiencias. La primavera, el verano, el otoño y el invierno tienen su propia belleza y enseñanzas. Darse cuenta de los cambios fomenta la reflexión, la gratitud y la anticipación de lo que está por venir. Las estaciones nos recuerdan que el cambio es natural, hermoso y constante. Al entrar en esta temporada otoñal, tengo pensado salir más y acumular nuevos recuerdos. Aprender algo nuevo sobre la vida, conocer gente nueva, obtener perspectivas diferentes y aprender más sobre mí misma, y espero que algún día encuentre a una persona que también aprecie eso. ¿Y quién sabe? Quizás lo hagamos juntos.

97

SEEING THE FIRST STAR APPEAR AT NIGHT

That single twinkle in the dark sky reminds us that even in darkness, light exists. It's a gentle prompt to hope, dream, and reflect. Observing stars connects you to the universe, inspiring awe and perspective. Each star is a small reminder of the vast possibilities life holds. I remember doing a drive upstate to the Finger Lakes, and one of the highlights of the day was actually during the nighttime, seeing all the stars sparkle at about 11 PM at night.

97

VER APARECER LA PRIMERA ESTRELLA POR LA NOCHE

Ese único destello en el cielo oscuro nos recuerda que, incluso en la oscuridad, la luz existe. Es un suave estímulo para tener esperanza, soñar y reflexionar. Observar las estrellas te conecta con el universo, inspirando asombro y perspectiva. Cada estrella es un pequeño recordatorio de las vastas posibilidades que ofrece la vida. Recuerdo haber hecho un viaje en coche al norte del estado, a los Finger Lakes, y uno de los momentos más destacados del día fue, en realidad, durante la noche, al ver todas las estrellas brillar alrededor de las 11 de la noche.

98

A DEEP BREATH OF FRESH AIR

Inhaling deeply grounds you, restores energy, and reminds you that life is ongoing. Fresh air refreshes both body and mind, often carrying subtle scents that evoke place and season. Breathing consciously is a simple yet powerful act of mindfulness. It reconnects you with the present moment and the basic joy of being alive. Especially when things get overwhelming in life, whether that be during work or school or anywhere, really take a minute and step outside and just breathe fresh air, and then get right back into it. Yeah, I know it's very stressful, absolutely, but you will get passed those moments. Just take a moment outside to take those fresh breaths of air.

98

RESPIRAR PROFUNDAMENTE EL AIRE FRESCO

Respirar profundamente te conecta con la tierra, te devuelve la energía y te recuerda que la vida sigue. El aire fresco renueva tanto el cuerpo como la mente, y a menudo trae consigo sutiles aromas que evocan lugares y estaciones. Respirar conscientemente es un acto de atención plena sencillo pero poderoso. Te reconecta con el momento presente y con la alegría básica de estar vivo. Especialmente cuando las cosas se vuelven abrumadoras en la vida, ya sea en el trabajo, en la escuela o en cualquier otro lugar, tómate un minuto, sal al aire libre, respira aire fresco y luego vuelve a lo que estabas haciendo. Sí, sé que es muy estresante, sin duda, pero superarás esos momentos. Solo tómate un momento para salir al aire libre y respirar aire fresco.

99

THE JOY OF DISCOVERING A NEW FAVORITE FOOD

Trying something for the first time and loving it opens your taste buds and your mind. Food is exploration, culture, and pleasure combined. Discovering a new favorite dish reminds us that the world always holds surprises. Simple culinary joy can bring lasting happiness. It's always great to experience something new, especially something that's such delicious as food. It's also a cool way to learn about different perspectives in different cultures, culinary techniques, so you can even use it in your own personal life as well.

99

LA ALEGRÍA DE DESCUBRIR UN NUEVO PLATO FAVORITO

Probar algo por primera vez y que te encante abre tus papilas gustativas y tu mente. La comida es una combinación de exploración, cultura y placer. Descubrir un nuevo plato favorito nos recuerda que el mundo siempre nos depara sorpresas. El simple placer culinario puede traer una felicidad duradera. Siempre es genial experimentar algo nuevo, especialmente algo tan delicioso como la comida. También es una forma estupenda de aprender sobre diferentes perspectivas en diferentes culturas y técnicas culinarias, por lo que incluso puedes utilizarlo en tu vida personal.

100

THE REALIZATION THAT TOMORROW IS A NEW DAY

No matter how challenging today was, tomorrow offers a fresh start. This awareness brings hope, resilience, and opportunity. Life keeps moving forward, giving you the chance to reset, grow, and try again. Each new day is a gift, a blank page waiting to be written. Always be grateful every single day that passes into your lifetime, always know to be grateful for everything that happened and that will happen. Focus on the bigger picture, learn to understand different perspectives. Learn to appreciate some of the smallest things, drops of dew in the morning, to the most awesome things like the stars in the sky, the air around us, the trees, the sound of music, the passion between another person's emotions, and these are some of the core memories that still stick with you for the rest of your life. Me personally, I cherish a lot of memories that I really hope one day will be reciprocated. Till then, I will keep looking forward to each day as I do and hope I keep improving my writing. I hope you guys do the same. Tomorrow is a new day, everybody, and I hope to see you there!

100

DARTE CUENTA DE QUE MAÑANA ES UN NUEVO DÍA

No importa lo difícil que haya sido el día de hoy, mañana será un nuevo comienzo. Ser consciente de esto nos da esperanza, resiliencia y oportunidades. La vida sigue adelante, dándonos la oportunidad de empezar de nuevo, crecer y volver a intentarlo. Cada nuevo día es un regalo, una página en blanco esperando a ser escrita. Sé siempre agradecido por cada día que pasa en tu vida, sé siempre agradecido por todo lo que ha sucedido y lo que sucederá. Céntrate en el panorama general, aprende a comprender diferentes perspectivas. Aprende a apreciar algunas de las cosas más pequeñas, como las gotas de rocío por la mañana, hasta las cosas más impresionantes, como las estrellas en el cielo, el aire que nos rodea, los árboles, el sonido de la música, la pasión entre las emociones de otra persona, y estos son algunos de los recuerdos fundamentales que permanecerán contigo durante el resto de tu vida. Personalmente, atesoro muchos recuerdos que realmente espero que algún día sean correspondidos. Hasta entonces, seguiré esperando con ilusión cada día como lo hago y espero seguir mejorando mi escritura. Espero que vosotros hagáis lo mismo. Mañana es un nuevo día, amigos, ¡y espero veros allí!

Arthor Bio pt 2

So, we find ourselves back here, huh? I had to lessen the font for the 100th reason in both English and Spanish. My apologies if it made you guys squint hard. I had a little difficulty getting all I wanted to say towards the end. Nonetheless, I would like to open up more about who I am in the form of some questions I thought up while I wrote the first edition of this book and will go into more detail as I continue on this writing journey. It was weird thinking about it in third person, as I usually talk out loud to myself when thinking, and may look like a madman sometimes.

1) What inspired you to write this book, what impact do you hope it has on your readers?

- What inspired me was honestly the moments in life where I felt down and felt very hopeless. The world became gray, and I knew there was more to life than this hard period in time. So, I began writing it down and as time went on, I decided to write an official book. I hope it brings comfort to those whose days might be cloudy or gray, as mine were.

2) Was there a defining moment or experience that sparked the idea behind your book?

- A defining moment would be a talk I had overheard a few months ago. I can't recall all of it, but it did mention perseverance and how life is a gift, and it really stuck with me. That and hearing the stories of my father and mother and how, despite the things they've endured, they continued to keep on going really inspired me.

3) Who or what has influenced your perspective and voice as a writer the most?

- My relationships with my family and friends have really been influential as well and the colleagues I have made along the way. I mean, I'm still getting a hold of thing whole "adulting" phase of life, and experimenting with a lot of new things as I go, but the different views of life help me see the world from others' perspectives. I would say who I am has been the same, as I set a foundation since early on and have just grown from then with the people and environments, I find myself in.

4) What message, lesson, or feeling do you want readers to walk away with after reading your book?

- I want you to feel warm and welcomed when you read this. I hope to inspire others to continue with life and uplift one another as others have done for me as well.

5) If you could summarize the essence of your book in three powerful words, what would they be?

- Hope, bright, and honest.

I hope you all enjoyed, and I can't wait to write the next one!

Biografía Del Autor, Parte 2

Así que aquí estamos otra vez, ¿eh? Tuve que reducir el tamaño de la fuente por centésima vez, tanto en inglés como en español. Mis disculpas si os ha costado leerlo. Me costó un poco expresar todo lo que quería decir al final. No obstante, me gustaría abrirme más sobre quién soy en forma de algunas preguntas que se me ocurrieron mientras escribía la primera edición de este libro y entraré en más detalles a medida que continúe con este viaje literario. Era extraño pensar en ello en tercera persona, ya que suelo hablar en voz alta conmigo mismo cuando pienso y a veces puedo parecer un loco.

1. ¿Qué te inspiró a escribir este libro? ¿Qué impacto esperas que tenga en tus lectores?

- Lo que me inspiró fueron, sinceramente, los momentos de mi vida en los que me sentía deprimido y muy desesperanzado. El mundo se volvió gris, y sabía que la vida era más que ese duro periodo. Así que empecé a escribirlo y, con el paso del tiempo, decidí escribir un libro oficial. Espero que sirva de consuelo a aquellos cuyos días pueden ser nublados o grises, como lo fueron los míos.

2. ¿Hubo algún momento o experiencia decisiva que te inspirara la idea de tu libro?

- Un momento decisivo fue una conversación que escuché hace unos meses. No recuerdo todo lo que se dijo, pero se mencionó la perseverancia y cómo la vida es un regalo, y eso realmente me impactó. Eso, y escuchar las historias de mi padre y mi madre y cómo, a pesar de todo lo que han soportado, siguieron adelante, me inspiró mucho.

3. ¿Quién o qué ha influido más en tu perspectiva y voz como escritor?

- Mis relaciones con mi familia y amigos también han sido muy influyentes, así como los compañeros que he ido haciendo a lo largo del camino. Quiero decir, todavía estoy asimilando toda la fase de la vida en la que hay que «hacerse adulto» y experimentando con muchas cosas nuevas sobre la marcha, pero las diferentes visiones de la vida me ayudan a ver el mundo desde la perspectiva de los demás. Diría que sigo siendo la misma persona, ya que senté las bases desde muy temprano y simplemente he crecido desde entonces con las personas y los entornos en los que me he encontrado.

4) ¿Qué mensaje, lección o sentimiento quieres que los lectores se lleven consigo después de leer tu libro?

- Quiero que se sientan acogidos y reconfortados al leerlo. Espero inspirar a otros a seguir adelante con sus vidas y animarse mutuamente, tal y como otros han hecho conmigo.

5) Si pudieras resumir la esencia de tu libro en tres palabras poderosas, ¿cuáles serían?

- Esperanza, brillante y honesto.

Espero que lo hayáis disfrutado y estoy deseando escribir el siguiente.

www.ingramcontent.com/pod-product-compliance
Lightning Source LLC
Chambersburg PA
CBHW062001040426
42447CB00010B/1856